YOUR KNOWLEDGE HAS VALUE

- We will publish your bachelor's and master's thesis, essays and papers

- Your own eBook and book - sold worldwide in all relevant shops

- Earn money with each sale

Upload your text at www.GRIN.com and publish for free

Sofia Triantafyllou

Manual for Trainers of Special Needs Adults

Methods and Strategies for Teaching Adults with Special Needs

GRIN Publishing

Bibliographic information published by the German National Library:

The German National Library lists this publication in the National Bibliography; detailed bibliographic data are available on the Internet at http://dnb.dnb.de .

Imprint:

Copyright © 2015 GRIN Verlag, Open Publishing GmbH
Print and binding: Books on Demand GmbH, Norderstedt Germany
ISBN: 978-3-668-00159-6

This book at GRIN:

http://www.grin.com/en/e-book/302175/manual-for-trainers-of-special-needs-adults

GRIN - Your knowledge has value

Since its foundation in 1998, GRIN has specialized in publishing academic texts by students, college teachers and other academics as e-book and printed book. The website www.grin.com is an ideal platform for presenting term papers, final papers, scientific essays, dissertations and specialist books.

Visit us on the internet:

http://www.grin.com/

http://www.facebook.com/grincom

http://www.twitter.com/grin_com

Sofia I. Triantafyllou

"ΣΥΝΟΠΤΙΚΟ ΕΓΧΕΙΡΙΔΙΟ ΕΚΠΑΙΔΕΥΤΗ ΕΝΗΛΙΚΩΝ Α.με.Α"

Methods and Strategies for teaching Adults with Special Needs

Abstract

In this *mini essay*, we are going to examine Adult Education 'reality' and Learning Process for Adult People with Disabilities or Special Needs. Adults as learners have special needs and these needs should be taken into consideration when planning instructional programs for them, especially for Special Needs Adults. Research on learners has shown that adult people with multiple disabilities or Special Needs, learn similarly to adult learners, by using combinations of adult learner theories, models, techniques and strategies. We propose, teaching methods, activities and 'tips'; we created also, a complete sample Microteaching lesson plan for trainers of Special Needs Adults. Adult learners with Disabilities or Special Needs, must have an equal opportunity to participate in instructional programs and to have benefits of a 'Proper' and functional Education!

Key words

Adult Learners, Trainers, Special Needs, Education, Microteaching

Περιεχόμενα

1. ΜΕΘΟΔΟΛΟΓΙΑ ΕΚΠΑΙΔΕΥΣΗΣ ΕΝΗΛΙΚΩΝ ΑΤΟΜΩΝ ΜΕ ΕΙΔΙΚΕΣ ΕΚΠΑΙΔΕΥΤΙΚΕΣ ΑΝΑΓΚΕΣ (Α.με.Α) ΚΑΙ ΙΚΑΝΟΤΗΤΕΣ

Εισαγωγή (σελ. 4)

1.1 Ομάδα και χαρακτηριστικά Ενηλίκων εκπαιδευομένων Α.με.Α[1] (σελ. 5)

1.2 Θεωρίες Μάθησης και προφίλ Εκπαιδευτή ομάδας Ενηλίκων Α.με.Α (σελ. 6)

1.3 Μεθοδολογία Εκπαίδευσης Ενηλίκων Α.με.Α (σελ. 9)

1.4 Τεχνικές Εκπαίδευσης Ενηλίκων Α.με.Α (σελ. 10)

1.5 Ειδικές τεχνικές μάθησης για Ενήλικα Α.με.Ε.Α[2] (σελ. 12)

1.5.1 Οι ΤΠΕ[3] στην υπηρεσία της Εκπαίδευσης Ενηλίκων Α.με.Α (σελ. 13)

Συμπεράσματα-Προτάσεις (σελ.15)

2. ΣΧΕΔΙΟ ΜΚΡΟΔΙΔΑΣΚΑΛΙΑΣ ΕΝΗΛΙΚΩΝ Α.με.Ε.Α

2.1 «Οπτικοακουστικός[4] Γραμματισμός και Πολιτιστική Προσέγγιση : το Μουσείο του Λούβρου» (σελ. 12)

2.1.1 Οργανόγραμμα Μικροδιδασκαλίας για ενήλικα Α.με.Ε.Α (σελ. 18)

2.1.2 Χρονοδιάγραμμα Μικροδιδασκαλίας (σελ. 21)

Αποτελέσματα πρότασης Μικροδιδασκαλίας (σελ. 23)

Αντί επιλόγου : Τί?!... (σελ. 24)

Βιβλιογραφία (σελ. 26)

---

[1] Άτομα με Ειδικές Ανάγκες
[2] Άτομα με Ειδικές Εκπαιδευτικές Ανάγκες
[3] Τεχνολογίες Πληροφορίας και Επικοινωνίας
[4] Με την έννοια της ερμηνευτικής αποκωδικοποίησης των οπτικών και ακουστικών μηνυμάτων

1. ΜΕΘΟΔΟΛΟΓΙΑ ΕΚΠΑΙΔΕΥΣΗΣ ΕΝΗΛΙΚΩΝ ΑΤΟΜΩΝ ΜΕ ΕΙΔΙΚΕΣ ΕΚΠΑΙΔΕΥΤΙΚΕΣ ΑΝΑΓΚΕΣ (Α.με.Ε.Α) ΚΑΙ ΙΚΑΝΟΤΗΤΕΣ

Εισαγωγή

«Μάθηση είναι η ενεργητική συμμετοχή στη διαδικασία απόκτησης γνώσεων και δεξιοτήτων»

A. Rogers

'Με ονομαστή την θεωρία και παρονομαστή την πράξη, εάν στο επίπεδο του εκπαιδευτή και σε εκείνο του ενήλικου εκπαιδευόμενου θεωρείται εποικοδομητική η επάλληλη δράση, τότε η γνωστική διαδικασία καλείται να έχει συμβεβλημένα στο περιεχόμενό της, την εκτενή προετοιμασία και την αντικειμενική παρατήρηση εκ μέρους του διδάσκοντα, καθώς και την κριτική αποδοχή εκ μέρους του διδασκόμενου, προς τείνοντα τελικό στόχο την ολιστική μάθηση, μέσω της απόκτησης θετικών στάσεων-συμπεριφορών και δεξιοτήτων'. (Τριανταφύλλου Σ., 2013)

Και εφόσον οι ενήλικοι εκπαιδευόμενοι ανήκουν σε ποικίλες ομάδες, μία σημαίνουσα ομάδα, είναι και αυτή των ατόμων με ειδικές ανάγκες (Α.με.Α), η οποία μάλιστα, μπορεί να χαρακτηριστεί 'πολυσχιδής', ανάλογα με το είδος αναπηρίας των ατόμων που απαρτίζεται. Μετά δε, από ενδελεχείς ερευνητικές μελέτες (Οικονόμου, 2006 κ.ά.) έχει προκύψει πώς στα ενήλικα άτομα με ειδικές ανάγκες και ικανότητες, η εκπαίδευση και κατάρτιση συνάδει με αυτή της εκπαίδευσης ενηλίκων, με την προϋπόθεση εντούτοις, ότι χρησιμοποιούνται και περαιτέρω ποικίλες τεχνικές υποστηρικτικού χαρακτήρα, για την ουσιαστική ενδυνάμωση του κοινωνικού 'είναι' και 'γίγνεσθαι' αυτών των ατόμων.

1.1 Ομάδα και χαρακτηριστικά Ενηλίκων εκπαιδευομένων Α.με.Α

Η 'πολυσχιδής' - όπως προαναφέρθηκε ανωτέρω -, υπό εκπαίδευση ομάδα ενηλίκων Α.με.Α, μπορεί να περιλαμβάνει, είτε άτομα :

α) με ποικίλες κινητικές αναπηρίες (οι οποίες έχουν προέλθει από διάφορες αιτίες π.χ. ατύχημα, ή και υπάρχουν εκ γενετής, όπως στην περίπτωση των παραπληγικών)

β) με ειδικές αναπηρίες (κωφοί ή τυφλοί)

γ) με αυτισμό (σύνδρομα Kanner και Asperger : χαμηλής ή υψηλής λειτουργικότητας, - εκ γενετής και τα δύο σύνδρομα χαρακτηρίζονται ως βαρέας σχετικά μορφής -)

δ) με νοητική υστέρηση (σύνδρομο down εκ γενετής ή καθυστέρηση στην ανάπτυξη ή παύση των νοητικών λειτουργιών με σταδιακή 'έκπτωσή' τους και σε συνδυασμό πολλάκις, με άλλες σωματικές ή και ψυχικές διαταραχές[5]),

είτε και άτομα

ε) με χρόνιες σοβαρές ψυχικές διαταραχές (όπως η ηβηφρένεια[6], ψύχωση που εμφανίζεται στην παιδική ηλικία ή στο πέρας της εφηβείας, η οποία μπορεί να εξελιχθεί σε σχιζοφρένεια στην αρχή της ενηλικίωσης και υπάρχει στη συνέχεια ες αεί στην ζωή ενός ατόμου)

Όλες οι ανωτέρω υποομάδες της γενικής ομάδας ΑΜΕΑ, πέραν πιθανώς, των διαφορετικών α. βιολογικών και β. κοινωνικοπολιτισμικών χαρακτηριστικών τους, ως προς γ. τα ψυχολογικά χαρακτηριστικά τους, είναι δυνατόν να παρουσιάζουν σχετική ομοιογένεια, όπως :

➢ ελλειμματικής υφής διαπροσωπική επικοινωνία,

---

[5] όπως α) το σύνδρομο Rett το οποίο εμφανίζεται κυρίως σε κορίτσια (1/1200), διαγιγνώσκεται μετά τους 5 μήνες ζωής με γενετικό τεστ και παρατήρηση της κλινικής εικόνας του παιδιού, οφείλεται σε μετάταξη των γονιδίων (στο χρωμόσωμα 'Χ') και προκαλεί σοβαρή σωματική και νοητική αναπηρία και β) η Παιδική Αποδιοργανωτική Προσοχή η οποία ευθύνεται στην ηλικία των 3-4, για την σταδιακή έκπτωση-απώλεια όλων των δεξιοτήτων που μέχρι αυτή την ηλικία έχει κατακτήσει το παιδί και την πλήρη απορρύθμιση των αναπτυξιακών λειτουργιών του.
[6] ή ηβηφρενία

> χαμηλή αυτοεκτίμηση συχνάκις,
> διαταραγμένη συμπεριφορά (άγχος, θυμό, υπέρμετρη νηφαλιότητα κ.ά), αλλά και
> τάση για συγκρουσιακές καταστάσεις πολλάκις,
> αδράνεια για συμμετοχή σε κοινωνικές εκδηλώσεις,
> έλλειψη ενδιαφέροντος ή κινήτρων για κοινωνική ένταξη,
> τάση για παραίτηση εαυτού ή βασικών λειτουργιών,
> 'ακούσια' απαξίωση του εγγύς περιβάλλοντος
> περιορισμένες δεξιότητες (γνωστικές και κοινωνικές),
> ανεξέλεγκτη επιθετικότητα, καθώς και
> άρνηση ή άγνοια διαχείρισης των συναισθημάτων τους,

αλλά, φυσικά δε, η κάθε (-υπο-)ομάδα ενηλίκων ΑΜΕΑ, έχει και ποικίλα επιπλέον γνωρίσματα καθώς και ιδιότητες και ιδιαιτερότητες που την διαφοροποιούν από τις υπόλοιπες και την εντάσσουν σε τροποποιημένα μοντέλα διαχείρισής της, αναφορικά με το εκάστοτε εκπαιδευτικό πρόγραμμα και τους προκαθορισμένους παιδαγωγικούς στόχους.

1.2 Θεωρίες Μάθησης και προφίλ Εκπαιδευτή ομάδας Ενηλίκων Α.με.Α

Εντούτοις και σε σχέση λοιπόν με τα ανωτέρω χαρακτηριστικά, το κοινωνικό προφίλ του ενήλικα μεταφέρεται στα εκπαιδευτικά δρώμενα, επηρεάζοντας το μαθησιακό του. Στην εκπαίδευση ενηλίκων δε Α.με.Α ιδιαίτερα, στη διάρκεια ενός εκπαιδευτικού προγράμματος, οι παράγοντες καθορισμού του ενός από το άλλο, (- του κοινωνικού και του μαθησιακού προφίλ εν προκειμένω -) είναι άρρητα συνδεδεμένοι και δύνανται να επενεργήσουν άκρως θετικά ή αρνητικά, στην όλη μαθησιακή πορεία, μέσω του εκπαιδευτή. Τοιουτοτρόπως, όπως και σε οποιαδήποτε ομάδα ενηλίκων εκπαιδευομένων, το αυτό και σε μία ομάδα Α.με.Α, η οικογενειακή κατάσταση, το ηλικιακό εύρος, η εθνική και θρησκευτική ταυτότητα, ο βαθμός και το είδος αναπηρίας, η εργασιακή (ή μη) κατάσταση, ο τόπος διαμονής και οι συνθήκες διαβίωσης, είναι ισχυροί παράγοντες, οι οποίοι αν δεν ληφθούν εγκαίρως υπόψη από τον εκπαιδευτή ενηλίκων, δύνανται να 'δράσουν' ποικιλοτρόπως στην γνωστική πορεία και να παρέμβουν καταλυτικά στη 'διάρθρωση', των πνευματικών οριζόντων και των δεξιοτήτων των υπό κατάρτιση, - με ειδικές εκπαιδευτικές ανάγκες και ικανότητες-, ατόμων.

Noyé D., Piveteau J. (1999). *Πρακτικός οδηγός Εκπαιδευτή*, μτφ. Ζέη Ε., Αθήνα : Μεταίχμιο, σελ. 102

Στο πλαίσιο λοιπόν του απόλυτου σεβασμού του διαφορετικού ρυθμού μάθησης και της εξατομίκευσης της διδασκαλίας και σε σχέση με τον βαθμό και το είδος αναπηρίας της ομάδας εκπαιδευομένων Α.με.Α, ο εκπαιδευτής ενηλίκων Α.με.Α, - πέραν της δυαδικής μελέτης των εκπαιδευτικών αναγκών του κοινού του και του περιεχομένου των 'αντικειμένων' που καλείται να καλύψει-, οφείλει να έχει

- εξειδικευμένες γνώσεις ψυχολογίας,
- συμβουλευτικής και
- να είναι δεινός γνώστης

α) των βασικών θεωριών μάθησης, όπως : 'ο μπεχαβιορισμός ή συμπεριφορισμός' των Skinner, Watson (=> με την αντανακλαστική μάθηση), η 'γενετική ψυχολογία' του Piaget (=> με την αλληλουχία των σταδίων διανοητικής και γνωστικής ανάπτυξης), ο 'κοινωνικός εποικοδομητισμός' του Vygotsky (=> με τον καθορισμό του τρόπου μάθησης μέσω κουλτούρας του αμέσου και εμμέσου περιβάλλοντος), 'η θεωρία της συναισθηματικής νοημοσύνης' του Goleman (=> με υπογράμμιση στον αυτοέλεγχο και στην εύστοχη διαχείριση-αξιοποίηση των συναισθημάτων στη διαδικασία της μάθησης), καθώς και

β) των θεωριών και μοντέλων μάθησης για Εκπαίδευση Ενηλίκων, όπως : η 'ανδραγωγική' του Knowles (=> με την αυτοεπίγνωση της 'ενηλικιότητας', ως έναυσμα της γνωσιακής διαδικασίας), 'η θεωρία της κοινωνικής χειραφέτησης' του Freire (=> με την κοινωνικοπολιτική προσέγγιση της εκπαίδευσης ως προς την αναμόρφωση της συνείδησης του ατόμου σε κριτική) και η 'μετασχηματίζουσα μάθηση' του Mezirow, (=> με την ερμηνεία, αναδόμηση και μετασχηματισμό των εμπειριών σε νοηματικά σχήματα) (Κοντάκος, Α., Γκόβαρης Χ. 2006).

Επιπλέον, σε σχέση με τα ανωτέρω, οφείλει ο Εκπαιδευτής Ενηλίκων να να παίζει έντεχνα τον ρόλο του συντονιστή-διευκολυντή στην όλη μαθησιακή ενηλίκων Α.με.Α, δίδοντας κυρίως έμφαση στην 'περιοχή' και τις προεκτάσεις της ενσυναίσθησής -του- και της γνώσης της 'συστηματικής' προσέγγισης στην εκπαιδευτική διαδικασία, (-ως δυνατά εργαλεία-μοχλοί συμμετοχικής διερεύνησης των ψυχικών και γνωστικών λειτουργιών του κοινού Α.με.Α -), ούτως ώστε να είναι σε θέση τελικά,

o να μετουσιώσει καταρχάς τις θεωρίες σε εκπαιδευτική ποιοτική πράξη[7]
o καθώς και να εξασφαλίσει στη συνέχεια σε αυτό το κοινό του, ένα υποστηρικτικό κοινωνικό πλαίσιο (-έν-)τάξης, μέσα στο οποίο θα

---

[7] με συνεχή ανατροφοδότηση, ικανή εμψύχωση και ισότιμη επιβράβευση

αισθάνονται ασφαλείς οι ενήλικοι εκπαιδευόμενοι Α.με.Α, προκειμένου να λειτουργήσουν αποτελεσματικά υπέρ της μάθησης και επαύξησης των θετικών στάσεων και συμπεριφορών, καθώς και των κοινωνικών δεξιοτήτων τους.

1.3 Μεθοδολογία Εκπαίδευσης Ενηλίκων Α.με.Α

Σε σχέση με τα ανωτέρω, ανάλογα με το είδος και τον βαθμό του ενήλικου ατόμου Α.με.Α, η εκπαιδευτική μεθοδολογία, οφείλει, - μέσω του εκπαιδευτή του-, να είναι το δυνατόν πιο εξατομικευμένη και προσαρμοσμένη στις ειδικές ανάγκες του κάθε εκπαιδευόμενου, να ποικίλλει και να εναρμονίζεται στις προαναφερθείσες θεωρίες μεν, καθώς και να εστιάζεται δε, σε μοντέλα εκπαίδευσης που αφορούν και στο σημαίνον κεφάλαιο της βελτίωσης των κοινωνικών του δεξιοτήτων. Η εκπαίδευση αυτή λοιπόν, μπορεί να επιτευχθεί μέσω :

α. Εκπαίδευσης με καθοδήγηση και

β. Εκπαίδευσης με τη μίμηση, (Οικονόμου Μ., 2000) σε τομείς που ενισχύουν και ανελίσσουν :

✓ τις λειτουργικές δεξιότητες επιβίωσης (=> με έμφαση στην αυτοεξυπηρέτηση και αυτοπροστασία, άρα στην υψηλής υφής λειτουργικότητα)

✓ τις εργασιακές δεξιότητες (=> με βιωματικές δράσεις-τεχνικές για επαγγέλματα που μπορεί να υποστηρίξει ένα άτομο Α.με.Α)

✓ τις γνωστικές δεξιότητες (=> με επικέντρωση στην μάθηση βασικών ή και ανώτερων πεδίων γνώσης)

✓ τις κοινωνικές δεξιότητες (=> με προσέγγιση στη θετική κοινωνική αλληλεπίδραση, στη διαχείριση άγχους, θυμού και συναισθημάτων γενικά, καθώς και στην ενίσχυση της αυτοεκτίμησης)

Τοιουτοτρόπως επιστημονικές έρευνες στο πεδίο (Πανέρα Α. & al., 2013) έχουν καταλήξει ότι γενικά η εκπαίδευση ενηλίκων Α.με.Α, είναι πιο αποτελεσματική όταν :

- οι βιωματικές δραστηριότητες μάθησης 'λαμβάνουν χώραν', σε περιβάλλον που είναι το δυνατόν εγγύτερα σε πραγματικό
- η διάρκειά της εκπαίδευσης ή κατάρτισης, έχει ολοκληρωμένους κύκλους διδασκαλίας/μάθησης και αυτοί οι κύκλοι έχουν αλληλουχία και συνέχεια με έντεχνα μελετημένο περιεχόμενο, καθώς και χώρους, υλικοτεχνικά μέσα και 'στρατηγικές' τεχνικές που το υποστηρίζουν.

1.4 Τεχνικές Εκπαίδευσης Ενηλίκων Α.με.Α

Όπως και σε κάθε ομάδα εκπαίδευσης Ενηλίκων, τοιουτοτρόπως και σε ομάδα Εκπαίδευσης Α.με.Α, αρμόζει να αξιοποιηθούν ποικίλες τεχνικές Εκπαίδευσης σε συνδυασμό πάντα όπως ήδη έχει προλεχθεί με τον βαθμό και το είδος αναπηρίας της ομάδας και ανάλογες με το εκάστοτε εκπαιδευτικό πρόγραμμα και τους παιδαγωγικούς στόχους του. (Κουλαουζίδης Γ., 2008 : 13)

Αναλυτικά λοιπόν, κάποιες τεχνικές για κοινό ενηλίκων εκπαιδευομένων Α.με.Α, μπορούν να είναι :

✓ **Ο Καταιγισμός ιδεών**

Μέσω του καταιγισμού διαγιγνώσκεται από τον Εκπαιδευτή το επίπεδο γνώσεων και δεξιοτήτων των ενηλίκων εκπαιδευομένων, αλλά και οι μαθησιακές τους ανάγκες, μέσω των κατάλληλων ερωτήσεων που θέτει ο εκπαιδευτής, ζητώντας από τους εκπαιδευόμενους, μονολεκτικές ή πολύ σύντομες απαντήσεις. Με αυτή τεχνική, συχνά οι εκπαιδευόμενοι συνειδητοποιούν γνώσεις που δεν γνώριζαν ότι διέθεταν και μπορεί να εφαρμοστεί σε ομάδες Α.με.Α με κινητικά προβλήματα, αλλά και σε οποιαδήποτε ομάδα, με σχετικές ερωτήσεις προσαρμοσμένες στις εκπαιδευτικές ανάγκες και το επίπεδό της. (Σταυρακοπούλου 2008 : 279)

✓ **Η Συζήτηση**

Μέσω αυτής της τεχνικής ενθαρρύνεται η ανταλλαγή ιδεών, αλλά ειδικά σε μια ομάδα ενηλίκων Α.με.Α, είναι αναγκαίο να είναι ο εκπαιδευτής επαρκώς προετοιμασμένος, ώστε να προετοιμάσει τους ενήλικους εκπαιδευόμενους Α.με.Α, να ανταλλάξουν ιδέες να αναπτύξουν, αντίστοιχα με τις δυνατότητες τους, κριτική 'ανάλυση' και να επικοινωνήσουν περαιτέρω μεταξύ τους. Αυτή η τεχνική μπορεί να χρησιμοποιηθεί με οποιαδήποτε ομάδα Α.με.Α, αρκεί ο εκπαιδευτής να είναι σε θέση να ισορροπήσει το γνωστικό του υπόβαθρο με αυτό της ομάδας του, ενθαρρύνοντας τους εκπαιδευόμενους.

✓ **Η Ομαδοσυνεργατική προσέγγιση**

Μέσω αυτής της τεχνικής, η οποία έχει εξέχουσα σημασία σε ομάδες εκπαίδευσης ενηλίκων Α.με.Α, επιδιώκεται η αλληλεπίδραση, η ενδυνάμωση της επικοινωνίας και η βελτίωση των διαπροσωπικών σχέσεων μεταξύ των ενηλίκων εκπαιδευομένων, σε διαμορφωμένες ομάδες των 3-5 ατόμων, που επεξεργάζονται κάποιο θέμα ή συμμετέχουν σε κάποια δραστηριότητα την οποία οφείλουν να φέρουν σε πέρας. Σε αυτή την περίπτωση ο Εκπαιδευτής έχει τον ρόλο του καθοδηγητή, του Συμβούλου, του 'διευκολυντή' και είναι σημαντικό, σε όλη την διάρκεια να συντονίζει εύστοχα και να επιβραβεύει ισομερώς. Επίσης, μέσω αυτής της τεχνικής προάγεται η ευγενής άμιλλα μεταξύ των ομάδων και η σημαντικότητά της έγκειται στο γεγονός, ότι μπορεί να εφαρμοστεί με οποιαδήποτε ομάδα ενηλίκων Α.με.Α, με αποτελέσματα ποιοτικά, ασχέτως από το είδος και τον βαθμό αναπηρίας των ενηλίκων εκπαιδευομένων.

✓ **Το Παιχνίδι ρόλων**

Αυτή η τεχνική, αν και ενδιαφέρουσα και 'πολυλειτουργική' ως τεχνική μάθησης ενηλίκων, μπορεί να εφαρμοστεί με εξαιρετική ευχέρεια σε ομάδα ενηλίκων Α.με.Α ομαλής λειτουργικότητας νοητικών λειτουργιών (=> κωφοί, τυφλοί και άτομα με κινητικές δυσκολίες/αναπηρίες), αλλά όταν πρόκειται να εφαρμοστεί σε άτομα με σοβαρές ψυχικές διαταραχές π.χ. σχιζοφρένεια ή νοητική υστέρηση, είναι άκρως αναγκαία η ιδιαίτερη επιμόρφωση του εκπαιδευτή σε εξειδικευμένες[8] μεθόδους προσέγγισης, (Glasser W. & Glasser C., 2003), εφόσον μέσω αυτής της τεχνικής, - του παιχνιδιού ρόλων -, προσομοιώνεται μία πραγματική κατάσταση και προσδιορίζονται διαφορετικοί ρόλοι από τους ενήλικους εκπαιδευόμενους και αυτό είναι συχνάκις εξαιρετικά περίπλοκο, ώστε να γίνει αντιληπτό και εφαρμόσιμο αποτελεσματικά, από κάποιες ομάδες Α.με.Α.

1.5 Ειδικές τεχνικές μάθησης για ενήλικα Α.με.Ε.Α (=> Άτομα Με Ειδικές Εκπαιδευτικές Ανάγκες)

Αναλυτικά, αναφορικά με τα ενήλικα άτομα με ειδικές ανάγκες και ειδικές ικανότητες πέραν των προαναφερομένων τεχνικών, μπορούν να χρησιμοποιηθούν από τους ιθύνοντες και περαιτέρω ειδικές εκπαιδευτικές τεχνικές ανάλογα με την κατηγορία αναπηρίας και τον βαθμό της, προκειμένου να αξιοποιούνται οι δυνατότητές τους και να διασφαλίζεται η κάλυψη των εξατομικευμένων πολυποίκιλων εκπαιδευτικών αναγκών τους.

Στους κωφούς λοιπόν εφαρμόζονται με εξαιρετική επιτυχία αναφορικά με την ποιότητα μάθησης, όλες οι τεχνικές εκπαίδευσης ενηλίκων, μέσω της νοηματικής γλώσσας και στους τυφλούς μέσω της γραφής Braille, εφόσον

---

[8] α. 'Το ψυχόδραμα' του Moreno είναι μια ειδική τεχνική ομαδικής ψυχοθεραπείας που μπορεί να 'λειτουργήσει' επιτυχώς και στην εκπαιδευτική διαδικασία, όπως και β. 'η μίμηση των επιθετικών προτύπων' του Α. Bandura είναι ένα είδος κοινωνικής μάθησης που βασίζεται στην αλληλεπίδραση ανθρώπου και περιβάλλοντος, καθώς και γ. η αποδόμηση σε εκπαιδευτική τεχνική της θεωρίας της 'Γλώσσας της Επιλογής' του W. Glasser, με έμφαση στην ισότιμη επικοινωνία μέσω της καθοδηγούμενης επιλογής στην πράξη των ενεργειών και συμπεριφοριστικών στάσεων του ατόμου. (Glasser W. & Glasser C., 2003)

αυτά τα άτομα είναι αδιαμφισβήτητο γεγονός πως πολλάκις ευρίσκονται σε νοητικό επίπεδο ιδιαίτερα υψηλό και αποτελούν, - λόγω αυτής της αξιοσημείωτης ιδιαιτερότητας -, πολύ ειδική κατηγορία Α.με.Α. Στα ενήλικα άτομα με νοητική υστέρηση π.χ. σύνδρομο Down, Rett ή με οριακό δείκτη νοημοσύνης, ή νοητική υστέρηση οποιουδήποτε βαθμού, οι εκπαιδευτικές παρεμβάσεις επικεντρώνονται κυρίως στην βελτίωση των λειτουργικών δεξιοτήτων επιβίωσης, με έμφαση στην καλύτερη δυνατή βελτίωση των νοητικών λειτουργιών τους.

Στα άτομα με σύνδρομο Kanner (αυτισμό) ή Asperger, η εκπαιδευτική προσέγγιση αφορά κυρίως, στην ανάπτυξη των κοινωνικών δεξιοτήτων τους, με προτεραιότητα προσέγγισης στις συμπεριφοριστικές μεθόδους.

Στα άτομα επίσης με πολύ υψηλού βαθμού διαταραγμένες νοητικές λειτουργίες, - όπως η σχιζοφρένεια -, η εφαρμογή εκπαιδευτικών μεθόδων εστιασμένων κυρίως στον μπεχαβιορισμό (αντανακλαστικές τεχνικές βασισμένες στις θεωρίες του συμπεριφορισμού), αλλά και τεχνικές όπως η μουσικοθεραπεία και η εργοθεραπεία, διαδραματίζουν σημαντικό ρόλο σε προγράμματα κατάρτισής τους. (Bellack, A.S. Mueser, K.T., Gingerich, S., Agresta, J., 1997)

1.5.1 Οι ΤΠΕ (Τεχνολογίες Πληροφορίας και Επικοινωνίας) στην υπηρεσία της Εκπαίδευσης Ενηλίκων Α.με.Α

Σύμφωνα με τον Ευρωπαϊκό Οργανισμό Ειδικής Αγωγής, γύρω στα 10% του πληθυσμού στην Ευρωπαϊκή Ένωση ανήκει σε κάποια κατηγορία-ομάδα Α.με.Α και πολλές χώρες από το 2000 ήδη, δίδουν ιδιαίτερη έμφαση στη εκπαίδευση και κατάρτιση των εκπαιδευτικών τους στις ΤΠΕ (Τεχνολογίες της πληροφορίας και Επικοινωνίας), αναγνωρίζοντας τις ΤΠΕ, ως σημαίνον υποστηρικτικό εργαλείο για την αποτελεσματική αντιμετώπιση ιδιαίτερα των ειδικών εκπαιδευτικών αναγκών αυτών των ομάδων. (European Agency for Special Needs and Inclusive Education)

13

Είναι ευρέως αποδεκτό πλέον πως τα ενήλικα ειδικά Α.με.Α, δηλ. οι άνθρωποι που έχουν κάποιας υφής, - χαμηλού ή υψηλού βαθμού -, αδυναμία σε επίπεδο κινητικό, διανοητικό, αισθητηριακό ή αντιληπτικό, - όπως ήδη έχει περιγραφεί ανωτέρω -, απαρτίζουν διαφορετικές ομάδες και αποτελούν ένα θέμα υπό συνεχή παρατήρηση και διαρκή συζήτηση, - αναφορικά με την κοινωνική και μαθησιακή τους ένταξη - και είναι πλέον κοινό μυστικό, πως τα προγράμματα κατάρτισης ενηλίκων, -πόσο μάλλον τα προγράμματα Α.με.Α -, λειτουργούν με πολύ πιο ποιοτικά αποτελέσματα, όταν είναι εμπλουτισμένα με λογισμικά ή τουλάχιστον με την έντεχνη χρήση των ΤΠΕ, ενσωματωμένων στο περιβάλλον μάθησης. Η άποψη αυτή ενισχύεται από την επιστημονικά πλέον τεκμηριωμένη παραδοχή πως τα ηλεκτρονικά μέσα όπως ο διαδραστικός πίνακας, ο η/υ, το διαδίκτυο και τα ποικίλα εκπαιδευτικά λογισμικά, δεν αντικαθιστούν τον εκπαιδευτή μεν, δύνανται δε να υποκαταστήσουν ή να σμικρύνουν όμως, κάποιες αναπηρίες των εκπαιδευομένων, μέσω των πολλαπλών δυνατοτήτων που τους προσφέρουν, με ψυχαγωγικής και σύγχρονης υφής προσέγγιση, δρώντας ουσιαστικά υπέρ της μάθησης και σε επίπεδο γνώσεων, στάσεων και δεξιοτήτων.

Τοιουτοτρόπως στα ενήλικα άτομα Α.με.Ε.Α, οι τεχνολογίες της πληροφορίας και επικοινωνίας και οι εφαρμογές τους, - με αρωγούς το διαδίκτυο καθώς και τον διαδραστικό πίνακα - είναι εργαλεία ιδιαίτερα προσιτά και δόκιμα, εφόσον οι ενήλικοι εκπαιδευόμενοι υποστηρίζονται και επιπλέον στη μαθησιακή διαδικασία, καθώς και δύνανται να διατηρούν την αυτονομία τους, ανάλογα με τον ρυθμό και το 'βάρος' της αναπηρίας τους και σε σχέση πάντα με την έντεχνη μεθοδολογία διαχείρισής τους από τον εκπαιδευτή τους. (Ράπτη Α & Ράπτης Α., 2013)

Συμπερασματικά-Προτάσεις

Εν κατακλείδι η λειτουργικότητα κάθε εκπαιδευτικής διαδικασίας σε ομάδα ενηλίκων Α.με.Ε.Α, κρίνεται με βάση τις μαθησιακές τεχνικές, το εκπαιδευτικό υλικό και με γνώμονα τους στόχους, τις συνθήκες, τα μέσα, τα χαρακτηριστικά και τις ιδιαιτερότητες των εκπαιδευομένων - μέσω του φορέα που παρέχεται -, καθώς και τον νοήμονα χειρισμό τους από ένα ορθά 'παιδευμένο'[9] εκπαιδευτή ενηλίκων.

'Λαμβάνοντας λοιπόν υπόψη την Εκπαίδευση Ενηλίκων Α.με.Ε.Α ως δίοδο γνωστικής επικοινωνίας διπλής κατεύθυνσης, - με κύριους άξονες τον πομπό => εκπαιδευτή ⇔ περιεχόμενο <= δέκτη => ενήλικο εκπαιδευόμενο Α.με.Α -, που αφορά στην υφή σχέσης που δημιουργείται και που βασίζεται στην αλληλεπίδραση και στην αμφίδρομη σχέση των μετεχόντων, με απώτερο στόχο την μάθηση', (Τριανταφύλλου Σ., 2013), εκείνο που προέχει για τον εκπαιδευτή κυρίως, είναι η αέναη επικαιροποίηση των γνώσεών του και στις τεχνολογικές εξελίξεις και στα σύγχρονα μοντέλα συναισθηματικής μάθησης για συνεχή αναμόρφωσή του, προκειμένου η ρήση : «Αυτός που μαθαίνει κάτι σ' ένα ορισμένο χρονικό διάστημα, είναι πολύ πιο σημαντικός από αυτό που έχει να μάθει» (Bérard, E, 1992 : 39) να λάβει τις διαστάσεις που της αντιστοιχούν και της αξίζουν, καθώς και η έντεχνη υιοθέτησή της στην εκπαιδευτική πράξη, να αποβεί το έναυσμα για περαιτέρω, ολιστικά ποιοτική Εκπαίδευση Ενηλίκων Ατόμων με Ειδικές Ανάγκες και Ειδικές Ικανότητες.

---

[9] με την διττή ερμηνεία στην αρχαία και νέα ελληνική γλώσσα, της μετοχής του ρήματος 'παιδεύω'

2. ΣΧΕΔΙΟ ΜΙΚΡΟΔΙΔΑΣΚΑΛΙΑΣ ΕΝΗΛΙΚΩΝ Α.με.Ε.Α

(=> Ατόμων με Ειδικές Εκπαιδευτικές Ανάγκες)

2.1 Θέμα : « Οπτικοακουστικός Γραμματισμός και πολιτιστική προσέγγιση: το Μουσείο του Λούβρου »

Ορισμός : Η παρούσα μικροδιδασκαλία αποτελεί προϊόν μελέτης αναφορικά με την Εκπαίδευση και Κατάρτιση Ενηλίκων Α.με.Α και είναι πρόταση προς αξιοποίηση. Δύναται να 'λάβει χώραν' στο πλαίσιο του μαθήματος «Τέχνη και Παιδεία» ενός ΙΕΚ Ειδικής Αγωγής, στην ειδικότητα του «Βοηθού Ξεναγού Α.με.Α σε μουσεία και πολιτιστικούς χώρους». Εντάσσεται και δύναται να τελεσθεί στο πλαίσιο του προαναφερόμενου μαθήματος στο κεφάλαιο 'Ιστορία της Τέχνης'.

Κοινό : Ενήλικοι Εκπαιδευόμενοι με Ειδικές Εκπαιδευτικές Ανάγκες (Α.με.Ε.Α) και ικανότητες, - μέτριας και υψηλής λειτουργικότητας[10]-, του ΙΕΚ (- Ινστιτούτο Εκπαίδευσης και Κατάρτισης Ειδικής Αγωγής-), οι οποίοι έχουν περατώσει καταρχάς την μαθητεία τους σε Σχολική Μονάδα Ειδικής Αγωγής και επιδιώκουν να συνεχίσουν τις σπουδές τους και να επιτύχουν να εξειδικευθούν σε συγκεκριμένο τομέα, προκειμένου με τις κατάλληλες αποκτηθείσες στην πορεία, γνώσεις, στάσεις και δεξιότητες να ενταχθούν ομαλά στο επαγγελματικό πεδίο και να διεκδικήσουν αξιοπρεπώς μία θέση στην κοινωνία περαιτέρω.

Την πλειονότητα του κοινού των Εκπαιδευομένων Ενηλίκων Α.με.Α, εικάζεται πως : απαρτίζουν γυναίκες (=> 18 στον αριθμό συνολικά, - 12 νέες γυναίκες + 6 νέοι άνδρες -).

---

[10] με μέτρια νοητική υστέρηση, ή με οριακή νοημοσύνη, ή με σύνδρομο asperger, ή και kanner (αυτισμό)

16

Χρονική διάρκεια : Η όλη διαδικασία της μικροδιδασκαλίας δύναται να ακολουθεί συγκεκριμένο και ενδελεχώς προετοιμασμένο χρονοδιάγραμμα, αποτελώντας ουσιαστικά αναπόσπαστο ποιοτικό τμήμα, - το οποίο διαρκεί χρονικά από 20-30΄ λεπτά από τα 50΄ (20΄-30΄/50΄) - της όλης διεργασίας της διδασκαλίας/μάθησης του μαθήματος «Τέχνη και Παιδεία», στο κεφάλαιο 'Ιστορία της τέχνης', το οποίο θα διδάσκεται τρεις φορές εβδομαδιαία, στο β΄ εξάμηνο της ειδικότητας του «Βοηθού Ξεναγού Α.με.Α σε μουσεία και πολιτιστικούς χώρους». Λόγω της ιδιαιτερότητας του κοινού[11] (=> Ενήλικα Α.με.Α), κρίνεται, (-έως και συνιστάται-), από τον εκπαιδευτή, η παράταση του χρόνου προς τους εκπαιδευόμενους, - από 20΄ στα 27΄ έως και 30΄ -, για την περάτωση των δραστηριοτήτων, - ειδικά στο σημείο της αξιολόγησής τους και του αναστοχασμού -, προκειμένου να λειτουργήσουν με ζήλο και υπέρ της μάθησης, - μέσω της ανέλιξης των γνωστικών τους δεξιοτήτων στην πορεία -, ανατροφοδοτούμενοι και απαλλαγμένοι από στρεσσογόνους παράγοντες.

Μεθοδολογία : Η μικροδιδασκαλία είναι σύμφωνη - από τον σχεδιασμό έως την υλοποίησή της -, με την μεθοδολογία και τις *τεχνικές* εκπαίδευσης ενηλίκων, σε απόλυτη συνάφεια με τις ιδιαιτερότητες και τους ρυθμούς της ομάδας εκπαιδευομένων Α.με.Α και εναρμονισμένη στην πρακτική εφαρμογή θεωριών εστιασμένων σε επιστημονικές μελέτες και έρευνες σημαινόντων στοχαστών στο πεδίο, με αναγωγή στα μοντέλα 'Μαθησιακής διεργασίας'[12] και 'Μετασχηματιστικής Μάθησης' των Jarvis και Mezirow αντίστοιχα και με ιδιαίτερη έμφαση στις ανάγκες προσαρμογής των προσωπικών, κοινωνικών και επαγγελματικών προσδοκιών των ενηλίκων εκπαιδευομένων Α.με.Α,

---

[11] Όπως προαναφέρθηκε το κοινό απαρτίζεται από ενήλικους εκπαιδευομένους Α.με.Α μέτριας έως υψηλής λειτουργικότητας (με αυτισμό ή σύνδρομο Asperger) ή με οριακό δείκτη νοημοσύνης

[12] Ο Peter Jarvis συνδέει την αντίληψη με την ανθρώπινη υπόσταση και ερμηνεύει την αέναη αλληλεπίδραση υποκειμένου και περιβάλλοντος ως βασικό μοχλό θετικής επήρειας στην μάθηση, - αναπροσαρμόζοντας τα δεδομένα τους οι ενήλικοι εκπαιδευόμενοι στις νέες συνθήκες, υπό την εμπνευσμένη καθοδήγηση του εκπαιδευτή ενηλίκων -, μετασχηματίζοντας πρότερες εμπειρίες σε μεταγνώσεις κατά τον Mezirow.

ανάλογα με την ατομική αντιληπτική ικανότητα-απόδοσή τους, κατά την 'θεωρία της επάρκειας' του Knox. *«Ο Κnox θεωρεί ότι η εκπαίδευση ενηλίκων παρουσιάζει δύο ιδιαιτερότητες. Η πρώτη συνίσταται στον κεντρικό ρόλο της απόδοσης του ενήλικα και η δεύτερη στη στενή συνάφεια ανάμεσα στη μάθηση και στην πράξη, πέρα από το πλαίσιο του εκπαιδευτικού προγράμματος».* (Κοντάκος & Γκόβαρης 2006 : 21).

Και περαιτέρω, , - αναφορικά με την ακολουθούμενη μεθοδολογία της περί ής ο λόγος μικροδιδασκαλίας -, σύμφωνα με τον Knox και την περί 'επάρκειας θεωρίας' του, αξίζει να σημειωθεί σε αυτό το σημείο, πως το είδος αλληλεπίδρασης ατόμου και περιβάλλοντος[13] καθορίζει την ποιότητα και τα περαιτέρω αποτελέσματα της μαθησιακής διεργασίας.

Τοιουτοτρόπως, η προσαρμογή της διδακτικής προσέγγισης του εκπαιδευτή ενηλίκων προς την ομάδα, όπως προκύπτει εκ των ανωτέρω, θα άπτεται των αναγκών και ενδιαφερόντων των ενηλίκων εκπαιδευομένων Α.με.Α, - σε σχέση με την ειδικότητα του «Βοηθού Ξεναγού Α.με.Α» που προτίθενται να αποκτήσουν -, σε συνάφεια με έντεχνη πρακτική ως προς την ερμηνεία των προαναφερομένων θεωριών.

2.1.1 Οργανόγραμμα Μικροδιδασκαλίας για ενήλικα Α.με.Ε.Α

Αναφορικά λοιπόν με την οργάνωση και τον σχεδιασμό της μικροδιδασκαλίας με θέμα *«Οπτικοακουστικός γραμματισμός και πολιτιστική προσέγγιση: το Μουσείο του Λούβρου»* στο προαναφερόμενο κοινό ενηλίκων εκπαιδευομένων Α.με.Α, του ΙΕΚ Ειδικής Αγωγής, δύναται να ακολουθηθεί από τον/ην εισηγητή/τρια- εκπαιδευτή/τρια ενηλίκων Α.με.Α, το κατωτέρω πλάνο :

---

[13] και ως φυσικός και κοινωνικός περίγυρος, αλλά και ως χώρος μάθησης.

A. **Εισαγωγική δραστηριότητα :**

Καταρχάς πραγματοποιείται εικονική ξενάγηση στο Μουσείο του Λούβρου με προβολή μικρής διάρκειας βίντεο και επικέντρωση σε 3 βασικά εκθέματα του μουσείου, - από τα οποία μάλιστα, τα δύο τυγχάνει να είναι ελληνικά - : στην Νίκη της Σαμοθράκης, στην Αφροδίτη της Μήλου και στην Μόνα Λίζα (Τζοκόντα) του Λεονάρντο ντα Βίντσι.

Εκπαιδευτικοί στόχοι, οι οποίοι κατατάσσονται και αναλύονται, ως κατωτέρω:

Γνωστικοί- Λειτουργικοί (=> που αφορούν σε γνώσεις)

➢ να γνωρίσουν μέσω της οπτικής επαφής, - να δουν εν ολίγοις- οι ενήλικοι εκπαιδευόμενοι Α.με.Α σημαντικά έργα τέχνης
➢ να κατανοήσουν-διασαφηνίσουν την σημαντικότητα των διαφορετικών εκθεμάτων-πολιτισμών στη δομή ενός σημαντικού μουσείου του κόσμου

Συναισθηματικοί (=> που αφορούν σε στάσεις)

➢ να συσχετίσουν κατά το προσωπικό τους 'δοκούν' οι ενήλικοι εκπαιδευόμενοι Α.με.Α, τα έργα με τις ιστορικές περιόδους και να είναι σε θέση να παρέχουν πληροφορίες σχετικά με αυτά
➢ να συνεργαστούν, να επικοινωνήσουν και να αλληλεπιδράσουν εποικοδομητικά

Ψυχοκινητικοί/θυμικοί (=> που αφορούν σε δεξιότητες)

➢ να υποστηρίξουν την σημαντικότητα επισκέψεων σε μουσεία
➢ να ερμηνεύσουν - κατά το ατομικόν τους ΄δοκούν' -, οι ενήλικοι εκπαιδευόμενοι Α.με.Α, και να είναι σε θέση να δικαιολογήσουν τις κρίσεις τους σχετικά με παγκοσμίου φήμης εκθέματα σε ένα μουσείο

B. Δραστηριότητες, Εκπαιδευτικές τεχνικές και Μέσα

✓ Ο Εκπαιδευτής Ενηλίκων Α.με.Α εκμαιεύει από τους εκπαιδευόμενους με την πρακτική 'ανάγνωσης' των 3 εκθεμάτων μέσα από εικόνες (Υπάρχουν συνολικά 6 εικόνες, 2 για το κάθε έκθεμα), via των κάτωθι τεχνικών :

- του 'αραχνογράμματος' (δηλ. με άμεσα συνειρμική παραγωγή/καταγραφή λέξεων από τους εκπαιδευόμενους, με κεντρικό άξονα το θέμα των μουσειακών εκθεμάτων μέσα από τις εικόνες τους,)
- του 'καταιγισμού ιδεών', (με πολυδιάστατη διατύπωση ιδεών, ελεύθερη μικρο- ανάλυση)
- της συζήτησης με ερωτήσεις και αποκρίσεις αναφορικά με την ανάλυση των εκθεμάτων με το σύνολο των εκπαιδευομένων και σε σχέση με την εισήγηση
- της ανάπτυξης ομάδων εργασίας για την τέλεση σχετικών με το θέμα δραστηριοτήτων

✓ Η εισήγηση που 'λαμβάνει χώραν' μετά το αραχνόγραμμα και τον καταιγισμό ιδεών των ενηλίκων εκπαιδευομένων

✓ Οι ενήλικοι εκπαιδευόμενοι Α.με.Α εργάζονται-(εκ)παιδεύονται σε φωτεινή αίθουσα του ΙΕΚ Ειδικής Αγωγής, η οποία είναι άριστα εξοπλισμένη υλικοτεχνικά, (- με βιντεοπροζέκτορα, διαδραστικό πίνακα, το lap top του εξειδικευμένου εισηγητή-εκπαιδευτή ενηλίκων Α.με.Α-). Η μικροδιδασκαλία 'διαδραματίζεται' προβάλλοντας το video για το μουσείο και στη συνέχεια ακολουθεί το ppt[14] της εισήγησης.

---

[14] Power Point

Επίσης υπάρχουν σε χρήση 6 εικόνες εκτυπωμένες των εκθεμάτων ολόκληρες (2 διαφορετικές για το καθένα) και 18 εκτυπωμένες εικόνες των εκθεμάτων σε κομμάτια puzzle, τα οποία θα αξιοποιήσουμε στη συνέχεια με τους εκπαιδευόμενους.

Γ. Αξιολόγηση και Αναστοχασμός

➤ όπου α) ανά ομάδα των 3 ατόμων, (6 συνολικά ομάδες 'μεικτές[15], έντεχνα συγκροτημένες), απαντούν σε 3 ερωτήσεις ανοιχτού και κλειστού τύπου και συγκεκριμένα σε δύο ερωτήσεις πολλαπλής επιλογής και μία ερώτηση ανάπτυξης σύντομης απάντησης. Οι ερωτήσεις δίδονται σε φύλλα εργασίας φωτοτυπημένα και σχετίζονται άμεσα με το μουσείο και τα περί ού ο λόγος εκθέματα. (Αυτή η διαδικασία εντάσσεται στο πλαίσιο της συλλογικής αξιολόγησης).
➤ και β) όπου ο κάθε ενήλικος εκπαιδευόμενος 'αναδομεί' το κάθε έκθεμα μέσα από τα κομμάτια puzzle του κάθε εκθέματος (Αυτή η διαδικασία εντάσσεται στο πλαίσιο της ατομικής αξιολόγησης και του αναστοχασμού).

2.1.2 Χρονοδιάγραμμα Μικροδιδασκαλίας

Αναλυτικά το χρονοδιάγραμμα της μικροδιδασκαλίας *«Οπτικοακουστικός γραμματισμός και πολιτιστική προσέγγιση : Το Μουσείο του Λούβρου»* σκιαγραφείται στον κατωτέρω πίνακα :

---

[15] που απαρτίζονται από ενήλικους εκπαιδευόμενους ΑΜΕΑ, πολύ υψηλής και λιγότερο υψηλής λειτουργικότητας

Θεματικές Υποενότητες της μικροδιδασκαλίας	Διάρκεια	Εκπαιδευτικές Τεχνικές	Εκπαιδευτικά Μέσα
Προβολή video σχετικά με το Μουσείο του Λούβρου (Εισαγωγική δραστηριότητα)	4′	Παρατήρηση Παρακολούθηση	Lap top Βιντεοπροζέκτορας
Καταγραφή στον πίνακα της λέξης «Μουσείο του Λούβρου»	3,5′	Αραχνόγραμμα Καταιγισμός ιδεών	Πίνακας
Εισήγηση με διαφάνειες (ppt)	2,5′	Παρατήρηση Παρακολούθηση	Lap top Βιντεοπροζέκτορας
Δραστηριότητα	3,5′	Συζήτηση, ανάλυση με την ολομέλεια των ενηλίκων ΑΜΕΑ εκπαιδευομένων	6 (εξ) Εικόνες εκτυπωμένες, ολόκληρες
Δραστηριότητα Αξιολόγησης[16]	3,5′-7,5′...	Ομαδοσυνεργατική - Μεικτές Ομάδες εργασίας (η κάθε ομάδα απαρτίζεται από 3 ενήλικες ΑΜΕΑ εκπαιδευόμενους)-	6 Φύλλα εργασίας σε φωτοτυπίες (με 3 ερωτήσεις στο κάθε φύλλο) προς απάντηση
Δραστηριότητα Αναστοχασμού	3′-6′...	Ατομική, κιναισθητική	18 Εικόνες κομμένες σε κομμάτια puzzle

---

[16] Αναφορικά με τις δραστηριότητες αξιολόγησης και αναστοχασμού, -λόγω της ιδιαιτερότητας του κοινού => (Ενήλικα Α.με.Α)-, η χρονική διάρκεια δύναται – και συνιστάται - να διευρυνθεί στο διπλάσιο, με την 'εκ προοιμίου' : α. εμψύχωση από τον Εκπαιδευτή, ισότιμα προς όλες τις ομάδες, β. συνεχή ανατροφοδότηση κατά την διάρκεια και γ. λεκτική, - στο πέρας των δραστηριοτήτων -, συλλογικού 'χαρακτήρα' επιβράβευση.

Αποτελέσματα πρότασης Μικροδιδασκαλίας

Η όλη διεργασία της ανωτέρω μικροδιδασκαλίας κρίνεται κατάλληλα προσαρμοσμένη για κοινό Ενηλίκων Α.με.Α και εφόσον καθορίζονται εξ αρχής οι στόχοι και 'προσμετρούνται' μέσω της συλλογικής και ατομικής αξιολόγησης και του αναστοχασμού, δύναται να αποτελέσει, - σε επίπεδο μεταγνωστικών ικανοτήτων -, ένα εποικοδομητικά δυνατό εργαλείο ανάπτυξης των πνευματικών οριζόντων των εκπαιδευομένων, καθώς και έναυσμα για περαιτέρω σπουδές τους στο πεδίο, προκειμένου αυτά τα άτομα με τις ειδικές ανάγκες και ειδικές ικανότητες, να ενδυναμωθούν στον μεγαλύτερο δυνατό βαθμό και να αξιοποιηθούν ισότιμα στη συνέχεια, στο ερεβώδες επαγγελματικό τοπίο της κοινωνίας μας.

Εν κατακλείδι λοιπόν, εκείνο που προέχει κυρίως και διαφαίνεται στον όλο σχεδιασμό της 'παρούσας' Μικροδιαδασκαλίας μας για Εκπαίδευση Ενηλίκων Α.με.Α, με την θεματολογία *«Οπτικοακουστικός Γραμματισμός και Πολιτιστική Προσέγγιση : Το Μουσείο του Λούβρου»*, είναι η επί του πρακτέου μικρής χρονικής διάρκειας (20-30'), ουσιαστική ποιοτικά σκιαγράφηση ενός τμήματος της τέχνης - και εν προκειμένω σημαινόντων εκθεμάτων του Μουσείου του Λούβρου -, μέσω αξιοποίησης των τεχνολογιών της πληροφορίας και επικοινωνίας, καθώς και περαιτέρω απλών και 'εύπεπτων' τεχνικών, - ενδελεχώς μελετημένων για το συγκεκριμένο κοινό -, με απώτερο ευκταίο στόχο *«την αναζήτηση 'διερευνητικής' μάθησης, - δια της οπτικοακουστικής και απτικής*[17] *οδού*[18] *-, από μέρους αυτού του κοινού -, η οποία αναζήτηση, - σύμφωνα με τον φιλόσοφο Σωκράτη - τυγχάνει να είναι και η αρχή της σοφίας»*, *συνεπικουρώντας με την ρήση της σημαίνουσας στο φάσμα του Αυτισμού, συγγραφέως Temple Grandin, κατά την οποία «ο κόσμος μας έχει ανάγκη από όλων των 'ειδών' τις διάνοιες»*!

---

[17] Μέσω της τελικής δραστηριότητας αναστοχασμού με το puzzle
[18] στην οποία είναι στοιχειοθετημένη η όλη δομή της μικροδιδασκαλίας

Αντί επιλόγου : Τι ???!!!...

Ταξίδι στο όνειρον

ή

όνειρον ταξιδίου;

Παράταση παράστασης

ή

επίγνωση υπόκρουσης;

Σκηνική ανατροπή

ή

τροπική σκηνή;

Απρόσιτον όραμα

ή

άρμα ποταπόν;

Πύρινη σιωπή

ή

σιωπηρή μισαλλοδοξία;

Απολιθωμένοι ειρμοί

ή

ερμαφρόδιτοι (Υ)ιοί;

Απαστράπτουσες σκιές
ή
σκιερές ιστορίες;

Ούριοι άνεμοι
ή
αναιμικοί μουσώνες;

Ιδιόμορφον απόφθεγμα
ή
σπονδυλωτή ιδιαιτερότητα;

Αύρα θαλασσινή
ή
άνευ ιστίων γυμνοί;

Αναβράζοντα παρελθόντα
ή
αναβλύζοντα παρόντα...
....
κρίσιν, λόγον, (-π-)νεύμα;;;!!!

Βιβλιογραφία

Ελληνόγλωσση

- Δημητρίου Α. & al. (2013). *Η Έρευνα στην Ειδική Αγωγή, στην Ενταξιακή Εκπαίδευση και στην Αναπηρία.*, τόμος γ', επιμέλεια Ζωνιού-Σιδέρη Α., Ντεροπούλου-Ντέρου Ε., & Παπαδοπούλου Κ., Αθήνα : Πεδίο

- Ιωαννίδη Β. & Καλοκαιρινού-Αναγνωστοπούλου Α. (2010). *Ειδική Αγωγή και Εκπαίδευση : Μια προσέγγιση για στελέχη εκπαίδευσης και επαγγελματίες υγείας*, Αθήνα : εκδόσεις Βήτα

- Κοντάκος Α. & Γκόβαρης Χ. (2006). *Θεωρίες και Μοντέλα Εκπαίδευσης Ενηλίκων*, Αθήνα : ΥΠΕΠΘ

- Ζωνιού-Σιδέρη Α. & al. Επιμέλεια (2012). *Αναπηρία και εκπαιδευτική πολιτική,*

- Jarvis Peter (2004). *Συνεχιζόμενη Εκπαίδευση και Κατάρτιση –Θεωρία και Πράξη*, μτφ. Μανιάτη Α., Αθήνα : Μεταίχμιο

- Goffman E. (2001). *Στίγμα-Σημειώσεις για τη διαχείριση της φθαρμένης ταυτότητας,* Εισαγωγή-Μετάφραση Μακρυνιώτη Δ., Επιμέλεια Λιβιεράτος Κ., Αθήνα : Αλεξάνδρεια

- Glasser W. & Glasser C. (2003). *Η θεωρία της Επιλογής στην Πράξη,* Αθήνα : Θυμάρι

- Ματσαγγούρας Η. (2008). *Θεωρία και Πράξη της Διδασκαλίας. Η Σχολική Τάξη. Χώρος–Ομάδα–Πειθαρχία–Μέθοδος*, Αθήνα : Γρηγόρη

- Μπεζέ Λ. (Επιμέλεια) (1998). *Γνωστική Ψυχολογία και Εκπαίδευση*, Αθήνα : Ελληνικά Γράμματα

- Noyé D., Piveteau J. (1999). *Πρακτικός Οδηγός του Εκπαιδευτή*, μετάφραση Ζέη Ε., Αθήνα : Μεταίχμιο

- Οικονόμου Μ. (2000). Επιμέλεια Χριστοδούλου Γ.Ν., *Ψυχοκοινωνικές θεραπείες,* Αθήνα : Βήτα
- Κουλαουζίδης Γ., Σταυρακοπούλου Α. & al. (2008). *Πρόγραμμα Εκπαίδευσης Εκπαιδευτών: Εκπαιδευτικό υλικό για τους Εκπαιδευτές Θεωρητικής Κατάρτισης,* Αθήνα : ΥΠΕΠΘ
- Πανέρα Α. & al. (2013). Επιμέλεια Νάνου Α., Πατσίδου-Ηλιάδου Μ., Γκαράνης Α., *Από την Ειδική Αγωγή στην Συμπεριληπτική Εκπαίδευση,* Θεσσαλονίκη : Γράφημα
- Παντελιάδου Σ., Πατσιοδήμου Α. (2007). *Εφαρμογές Διδακτικής Αξιολόγησης και Μαθησιακές Δυσκολίες,* Θεσσαλονίκη : Γράφημα
- Rogers A. (1999). Επιμέλεια Κόκκος Α., *Η Εκπαίδευση Ενηλίκων,* μετάφραση Παπαδοπούλου Μ. και Τόμπρου Μ., Αθήνα : Μεταίχμιο
- Ράπτης Δ.-Α. & Ράπτη Α. (2013). *Μάθηση και διδασκαλία στην εποχή της πληροφορίας,* Αθήνα : αυτοέκδοση
- Σαλβαρά Μ. & Σαλβαρας Γ. (2011). *Μοντέλα και Στρατηγικές Διδασκαλίας (Σχολική Πρακτική). Κατασκευή και χρήση 'Εργαλείων' Διδασκαλίας,* Αθήνα : Διάδραση
- Στασινός Δ. (2013). *Η Ειδική Εκπαίδευση το 20120,* Αθήνα : εκδόσεις Παπαζήση
- Τριανταφύλλου Σ. (2013). "Ο ρόλος της Επικοινωνίας μεταξύ Εκπαιδευτή και Εκπαιδευόμενου, στην 'οικοδόμηση' της Ενήλικης Μάθησης", άρθρο σε διαδικτυακή Έκδοση στην url : http://cretaadulteduc.gr/blog/?p=721, *Επιστημονικό Δίκτυο Εκπαίδευσης Ενηλίκων,* ISSN 1792-2674, τεύχος 12
- Hodapp R. (2012). *Αναπτυξιακές θεωρίες και Αναπηρία,* μετάφραση Δεληγιάννη Μ., επιμέλεια Ζωνιού-Σιδέρη Α. & Σπανδάγου Η., Αθήνα : Μεταίχμιο

Ξενόγλωσση

- Anzieu, D. (1985). *Les tests psychologiques*. Paris : P.U.F.
- Avalone F. (2002). *La Formazione psicosociale,* Roma : Carocci editore
- Bérard Ev. (1992). *L'approche communicative,* collection dirigée par R. Galisson, Paris : CLE International
- Cyr P. & Germain P. (1996). *Les strategies d'apprentissage,* Paris : CLE International
- Cabin Ph. & Dortier J. F. (1998). *La Communication, Etat des Savoirs»,* Auxerre : Sciences Humaines
- Courau S. (1994). *Les outils d'excellence du formateur,* Paris: ESF
- Goleman D. (2004, 12^n έκδοση). *Intelligenza emotiva,* Milano : BUR
- Bellack & al. (1997). *Social skills training for schizophrenia,* New York : Guilford
- Piaget J. (1964). *Six études de psychologie,* Paris : Denoël-Gonthier
- Tardif J. (1992). *Pour un enseignement stratégique : l'apport de la psychologie cognitive,* Montréal : Les Editions Logiques
- Grandin T. (2006). *Thinking in pictures; my life with autism,* Vintage Press Edition

Πηγές από το Διαδίκτυο

- https://www.european-agency.org/agency-projects/ict4ial => European Agency for Special Needs and Inclusive Education. Ανασύρθηκε από το διαδίκτυο στις 31/3/2015
- http://blogs.sch.gr/anianiouris/files/2009/02/entaksh-atomwn-me-eidikes-anagkes-sthn-ellada.pdf => Ένταξη ατόμων με ειδικές ανάγκες στην Ελλάδα. Ανασύρθηκε από το διαδίκτυο στις 2/4/2015
- http://www2.ed.gov/about/offices/list/ovae/pi/AdultEd/dislearning.html => Learning disabilities in Adult Education. Ανασύρθηκε από το διαδίκτυο στις 6/5/2015

28